THE GOVERNMENT'S SECRET

LIST OF UNBROKEN PROMISES.

BY STEFAN A. H. HOLMGREN

Forlag: Books on Demand GmbH, København, Danmark
Tryk: Books on Demand GmbH, Norderstedt, Tyskland
ISBN 978-87-7114-360-7

~ 10 ~

~ 11 ~

~ 12 ~

~ 13 ~

~ 15 ~

~ 18 ~